MW00941110

Wedding Shit

———————————————————————

———————————————————————

———————————————————————

———————————————————————

———————————————————————

———————————————————————

———————————————————————

———————————————————————

———————————————————————

———————————————————————

———————————————————————

———————————————————————

———————————————————————

———————————————————————

———————————————————————

———————————————————————

———————————————————————

———————————————————————

———— ❋ ————

Vow not to keep score, even when you
are totally winning.

———— ❋ ————

The madness of love is the greatest of
heaven's blessings.

- Plato

When you're wrong, admit it. When
you're right, be quiet.

❈

Marriage is not finding a perfect person;
it's finding a person perfect for you.

❈

⟨ ✳ ⟩

Marriage is successful when the happiness of your partner is essential to your own.

⟨ ✳ ⟩

If you feel the urge to yell at your spouse,
try having something to eat.

⟨ ❉ ⟩

True love may start a beautiful
marriage, but true friendship sustains
it.

⟨ ❉ ⟩

A smart woman will never start a
fight with a man who is cleaning.

Never, ever yell at each other
...unless the house is on fire.

Never stop dating each other.

❮ ✻ ❯

You don't have to think alike to
have a successful marriage, but
you have to think together.

❮ ✻ ❯

There is no remedy for love but
to love more.

- Henry David Thoreau

———— ❬ ✳ ❭ ————

Love is not blind, it sees but
it doesn't mind.

———— ❬ ✳ ❭ ————

❮❀❯

If you tell the truth you never have
to remember anything.

- Mark Twain

❮❀❯

94289779R00053

Made in the USA
Middletown, DE
19 October 2018